¡Animales bebés en la naturaleza!

Crías de jirafa en la naturaleza

por Marie Brandle

Bullfrog
en español

Ideas para padres y maestros

Bullfrog Books permite a los niños practicar la lectura de textos informativos desde el nivel principiante. Las repeticiones, palabras conocidas y descripciones en las imágenes ayudan a los lectores principiantes.

Antes de leer

- Hablen acerca de las fotografías. ¿Qué representan para ellos?

- Consulten juntos el glosario de las fotografías. Lean las palabras y hablen de ellas.

Durante la lectura

- Hojeen el libro y observen las fotografías. Deje que el niño haga preguntas. Muestre las descripciones en las imágenes.

- Léale el libro al niño o deje que él o ella lo lea independientemente.

Después de leer

- Anime al niño para que piense más. Pregúntele: Las crías de jirafa comen hojas que crecen en árboles altos. ¿Cómo hacen ellas esto?

Bullfrog Books are published by Jump!
5357 Penn Avenue South
Minneapolis, MN 55419
www.jumplibrary.com

Library of Congress Cataloging-in-Publication Data

Names: Brandle, Marie, 1989– author.
Title: Crías de jirafa en la naturaleza / por Marie Brandle.
Other titles: Giraffe calves in the wild. Spanish
Description: Minneapolis, MN: Jump!, Inc., [2023]
Series: ¡animales bebés en la naturaleza!
Includes index. | Audience: Ages 5–8
Identifiers: LCCN 2022034494 (print)
LCCN 2022034495 (ebook)
ISBN 9798885242332 (hardcover)
ISBN 9798885242349 (paperback)
ISBN 9798885242356 (ebook)
Subjects: LCSH: Giraffe—Infancy—Juvenile literature.
Classification: LCC QL737.U56 B7318 2023 (print)
LCC QL737.U56 (ebook)
DDC 599.638—dc23/eng/20220721

Editor: Eliza Leahy
Designer: Molly Ballanger
Translator: Annette Granat

Photo Credits: Merrillie Redden/Shutterstock, cover; Jamie Stamey/iStock, 1; gracious_tiger/Shutterstock, 3; Tony Crocetta/Biosphoto/SuperStock, 4; Sergio Pitamitz/Alamy, 5, 23tr; camacho9999/iStock, 6–7; Nick Fox/Shutterstock, 8–9, 23tl; Suzi Eszterhas/Minden Pictures/SuperStock, 10–11; Pranesh Luckan/Shutterstock, 12, 23bm; laytonjeff/iStock, 13; Artushfoto/Dreamstime, 14–15, 23tm; Eric Isselee/Shutterstock, 16; Chedko/Shutterstock, 16–17, 23bl; Judith Andrews/Shutterstock, 18; MyImages - Micha/Shutterstock, 19; castigatio/iStock, 20–21; pandapaw/Shutterstock, 22; Maciej Czekajewski/Shutterstock, 23br; Svetlana Foote/Shutterstock, 24.

Printed in the United States of America at Corporate Graphics in North Mankato, Minnesota.

Tabla de contenido

Crecen altas

Una cría de jirafa nace.

Se para inmediatamente.

La cría es una bebé.

¡Pero ya mide seis pies (1.8 metros) de altura!

Ella se queda con mamá.

Bebe su leche.

lengua

Mamá acicala a la cría.

Ella le lame el pelaje.

¡La cría corre!
Sus largas patas
la ayudan.

melena

La cría tiene una melena.

mancha

La cría también tiene manchas.

Las jirafas viven
en la savana.

Las manchas las
ayudan a camuflarse.

Los leones cazan jirafas.

Las jirafas viven
en manadas.

Esto las mantiene
a salvo.

león

manada

La cría crece más alta.

Su cuello es largo.

Este alcanza las hojas.

Ella come.

¡Ella seguirá creciendo!

Las partes de una cría de jirafa

¿Cuáles son las partes de una cría de jirafa? ¡Échales un vistazo!

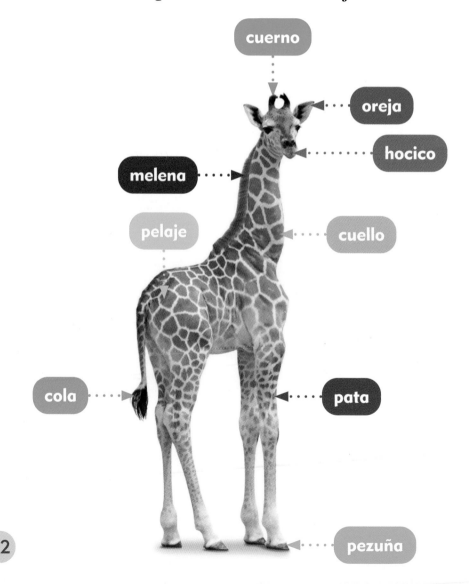

cuerno

oreja

hocico

melena

pelaje

cuello

cola

pata

pezuña

Glosario de fotografías

acicala
Limpia.

camuflarse
Parecerse a
cosas cercanas.

cría
Una jirafa joven.

manadas
Grupos de
animales que
se quedan o se
mueven juntos.

melena
El pelo grueso en la
cabeza y el cuello de
algunos animales.

savana
Una llanura plana
cubierta de pasto
con pocos árboles
o ninguno.

Índice

Para aprender más

Aprender más es tan fácil como contar de 1 a 3.

❶ Visita www.factsurfer.com

❷ Escribe "críasdejirafa" en la caja de búsqueda.

❸ Elige tu libro para ver una lista de sitios web.